나를 안락사하라

나
를

안락사하라

고영래 에세이

비움과 채움

"

지구를 살리기 위해서
노인들이
앞장서야 한다.

"

:

　모든 개체는 서식 환경이 나빠지면 그 숫자를 줄이고 위험을 경계한다고 했다. 아프리카코끼리는 느리게 성장하고 천천히 번식하지만 포유류 중에서 가장 민감한 동물 중 하나이다. 인간에 의한 생태계가 파괴되면서 먹을 것이 없어지고 상아를 얻으려는 밀렵꾼들 때문에 스스로 새끼를 낳지 않는다고 한다. 요즘은 기차에 치여서 죽는 코끼리들도 있다고 했다. 인간의 무분별한 개발로 산림이 황폐해지면서 모든 동물이 멸종으로 가고 있다. 코끼리는 알고 있는 것이다. 자신의 새끼가 태어났을 때 얼마나 위험하고 불행한지를. 그래서 스스로 멸종의 길을 택하고 있는지도 모른다.

2006년 미국에서 꿀벌 집단실종 사건이 처음 보고됐다. 이유는 이상기후일 가능성이 크다. 2017년 유엔은 전 세계 야생벌의 40%가 멸종위기에 처해 있고 2035년이면 꿀벌이 멸종할 수 있다고 경고했다. 아인슈타인의 예언에 따르면 "꿀벌이 사라지면 4년 안에 인류도 멸망한다"고 했다. 그렇다면 2039년이면 인류가 멸망한다.

인간이 뱉어내는 이산화탄소를 식물은 영양소로 사용한다. 광합성이란 태양광의 에너지를 이용하여 이산화탄소와 물을 결합해 탄수화물을 만드는 화학반응이며 그 부산물로 산소가 나온다. 동물은 또 탄수화물을 먹고 그것을 산소와 결합해 에너지를 뽑아낸다. 그 부산물로 이산화탄소가 나오는 것이다.

식물이 없어지면 산소도 없어진다. 개발을 멈추어야 한다. 고층빌딩과 아파트를 허물고 그곳에다 나무를 심어야 한다. 고속도로를 파헤치고 그곳에 나무를 심어야 한다. 지구를 살리기 위한 마지막 수단이다. 지구를 살리지 못하면 모든 동물은 멸종으로 가게 된다.

그린벨트를 해제하고
그 자리에 아파트를 짓는다고 한다.
고층빌딩과 아파트를 허물고
그 자리에 나무를 심어야 한다.

경제는 그다음 문제다. 지구를 살리기 위해서 노인들이 앞장서야 한다. 서울시는 그린벨트를 없애고 그곳에다 아파트를 짓는다고 했다. 완전히 거꾸로 가고 있다.

대구를 대프리카(대구+아프리카)라고 부른다. 그러나 지금은 아니다. 대구시가 1995년부터 폭염과 싸우기 시작하면서 중장기대책으로 녹지를 늘린 성과가 나타난다는 게 기상전문가들 분석이다. 1995년 8만 4,000여 그루였던 가로수는 2023년 23만 9000여 그루로 3배가 됐고 열섬 효과를 완화하는 도심숲은 2005년 1,392ha(418만여 평)에서 2021년 2,759ha(834만여 평)로 2배가 됐다. 지난해에도 113억 원을 들여 기후대응도시 숲과 녹지 14곳을 추가 조성했다. 녹지가 있는 곳은 없는 곳보다 낮 기온이 평균 3.45도 낮았다.

고온다습한 남서풍의 영향을 많이 받는 도시일수록 더위의 강도가 더 심해졌다. 최근 이른바 광프리카(광주+아프리카)로 불리는 광주광역시가 대표적이다. 30년 이상 된 노후주택이 밀집된 데다 노령인구까지 많은 광주 구도심 지역은 찜통 폭염에 사실상 무방비다.

광주 남구 방림동의 한 고물상에는 숨쉬기조차 힘든 무더위 속에서 파지를 가득 실은 손수레를 끄는 노인이 줄을 이었다. 온열지수가 32로 매우 위험(31 이상) 기준을 초과했다. 더위를 견디지 못하는 노인들은 쓰러질 수밖에 없다. 환경변화는 노인들에게 또 다른 고통이다. 체력을 다한 노인들은 어떠한 경우에도 강해질 수가 없다. 약으로도 치료할 수가 없기 때문이다.

대구가 건식 사우나라면 광주는 습식 사우나에 비유할 수 있다. 해안가에 가까워 남서풍 영향을 많이 받고 강수량도 많아 체감 더위는 광주가 훨씬 더 덥다고 볼 수 있다. 광주시는 인공 그늘막을 늘리는 등 폭염 대비책을 내놓고 있다. 하지만 습한 폭염에 따른 열 스트레스를 막는 데는 한계가 있다. 특히 폭염 대책이 낮 시간대에 집중되다 보니 24시간 일하는 택배기사 등 야간근로자의 온열질환을 예방할 폭염 대책이 미흡하다.

국제노동기구(ILO)는 최근 보고서를 통해 열 스트레스 영향으로 노동생산성이 저하되면서 2030년까지 세계 경제에 2조 4000억 달러(3289조 원)의 손실이 발생할 것으로 전망했다. 최근 안토니우 구테흐스 유엔 사무총장도 "치명적인 폭염으로 수십억 인구가 극심한 더위에 직면했고 더위로 인한 사망자가 태풍피해 사망자보다 약 30배가 더 많다면서 전 지구적인 대책이 필요하다"고 역설했으며 "도시설계를 통해 온도를 낮추고 냉방 기술의 효율성을 높이는 등 기온상승에 맞서야 한다"고 경고했다. 여기서도 막연한 경고성 발언만 했을 뿐 근본적인 대책인 인구문제는 언급이 없었다. 근본적인 인구 대책 없이는 해결책이 없다. 기술로 기온상승을 막을 수가 없다. 어떻게든 인구수를 줄여야만 한다.

폭염 대책이 필요한 지금

어떻게든 인구수를 줄여야 한다.

⋮

사람은 살아가면서 누구나 식량, 공산품 등의 소비 행위를 하고 이는 필연적으로 쓰레기 및 탄소와 같은 온실가스 배출에 따른 환경오염과 지구온난화를 야기한다. 이 논리에 따라 인구가 많거나 증가하는 나라들이 지구온난화에 큰 영향을 준다는 의견이 있다.

그러나 온실가스 배출량은 그 사람이 처한 경제력 수준에 따라 달라진다. 가령 지금 아프리카인이나 그 외 후진국은 낮은 경제력에 의한 적은 1인당 소비와 산업생산량 탓에 1인당 평균 탄소 배출량이 선진국 국민 평균과 비교하면 십수분의 일 수준이다. 즉 같은 1인당으로 비교했을 때는 선진국민이 환경과 지구온난화에 가하는 영향이 후진국 국민보다 십수 배 많다는 것이다. 그래서 선진국 인구를 더 빨리 줄여야 지구를 살릴 수 있는 것이다.

　전 세계적으로 인구를 급격하게 줄이면 온실가스 배출량도 급격하게 줄어들 것이고 그럼 폭염은 자연히 사라질 것이다. 인구를 줄이라고 해서 전쟁을 일으키라는 얘기가 아니다. 열심히 살려고 하는 사람을 안락사시키라는 것도 아니다. 우리나라같이 장려금을 주면서까지 애를 낳으라는 정신없는 정치인들을 혼내달라는 것이다. "베트남전이 인류의 마지막 전쟁이 될 것"이라는 기대와 달리 전쟁은 전 세계 곳곳에서 벌어지고 있다. 혐오와 학살 복수의 악순환이 끊이지 않고 죄 없는 아이들이 희생되고 있다.

　전쟁의 원인은 누가 뭐래도 땅은 좁고 인구가 너무 많기 때문이다. 여기서도 지나친 인구가 문제다. 학살, 인권유린에 침묵하는 것도 범죄라고 믿는 자는 "부조리한 세상에 고함치며 항의하라"고 촉구하고 싶다. 현재 일어나고 있는 기후변화를 보면 지구가 균일하게 더워지는 것도 아니고 온도만 높아지는 것도 아니므로 전문가들은 지구온난화라는 단순한 말을 피하고 기후변화라고 한다. 지구의 평균기온이 올라가면 폭풍도 강해지고 산불도 늘어나며 한쪽에서는 큰 가뭄이 들 때 다른 한쪽에서는 대홍수가 나는 극단적인 현상들이 더 늘어난다.

폭염과 가뭄, 홍수 등 이상기후로 농산물가격이 치솟는다. 지난봄 금사과와 다이아 사과는 시작에 불과했다. 폭염에 채소가 녹아내려 최근에는 금오이와 금고추 금배추라는 말까지 등장했다. 배추 한 포기가 2만 원이라면 할 말 다 했다. 김치 먹기 어렵다는 푸념이 과장이 아닐 정도다. 행정안전부에 따르면 지난 6월 11일~8월 18일 폐사한 가축만 90여만 마리에 이른다. 양식장 어류도 150만 마리 넘게 죽었다. 모두 장바구니 물가 불안 요인이다. 이상기후는 전 지구적인 문제다. 하지만 정부의 대책은 대책을 마련하겠다는 말뿐이다. 왜? 원인을 모르기 때문이다. 오히려 반대로 가고 있다. 인구가 너무 많다.

저출생 대책을 논하는 자들은 아예 지구를 몰락시키려는 자들이다. 기후변화는 인류웰빙과 지구건강에 위협적이다. 기후변화에 적응 완화하기 위한 행동에 나서지 않으면 미래를 지킬 수 있는 기회를 놓치게 될 것이다. 지구가 더워질수록 경기침체, 식량난, 조기 사망 등의 문제가 더욱 악화한다.

열대야는 사람의 건강에 큰 영향을 준다. 높은 기온으로 잠 못 이루면서 피로가 누적되고 집중력이 떨어진다. 수면 부족으로 면역력이 떨어지고 스트레스가 증가한다. 쉽게 짜증을 내거나 우울감을 호소하는 사람이 많다. 심혈관질환이나 천식 등 호흡기 질환자에 특히 위험할 수 있다.

"

지구상의 너무나 많은 인구가
이상기후를 가속한다.

"

⋮

세계 195개국이 2015년 기후 위기에 대처하기 위해 파리협정을 맺은 이후 9년이 지났다. 산업화 이전 대비 지구 온도 상승을 1.5도 이내로 제한하는 목표를 세우고 각국 실정에 맞는 온실가스 감축을 실천하기로 합의했다. 그러나 파리협정 이후에도 온실가스 배출은 상승추세를 벗어나지 못하고 있고 지구의 온도 역시 올라가고 있다. 지난 4월 해수면 평균온도가 21.07도로 사상 최고를 기록하는 등 지구 온도가 1.5도 상승을 돌파하는 건 시간문제라는 위기감이 고조되고 있다.

5mm 이하의 작은 플라스틱 입자를 가리키는 미세 플

라스틱은 전 세계를 조용히 점령하고 있다. 이미 세계에서 가장 높은 산인 에베레스트부터 남북극 같은 극지방까지 확인되는 등 광범위한 오염이 진행됐다. 그런데 에베레스트는 아무나 올라갈 수 있는 곳이 아니지 않은가. 잘난척하는 기득권층만이 오를 수 있는 곳인데 그렇다면 이곳 오염은 후진국 사람이 아닌 선진국 사람들의 소행이다. 산을 오염시킬 것 같으면 산을 오르지 마라. 내 동네를 오염시키는 자는 내 동네를 떠나라. 지구 환경 파괴자는 지구를 떠나야 한다. 반드시 떠나야 한다. 지구 오염의 주범은 기득권층 소행이다.

플라스틱은 수백 년간 썩지 않고 끊임없이 마모되고 나눠진다. 그렇게 생긴 미세 플라스틱은 음식이나 물에 섞일 뿐 아니라 공기 속 입자로 떠다니기 때문에 사람이 쉽게 흡입할 수 있다. 실제로 미세 플라스틱은 인간을 포함한 동물의 몸속을 파고들고 있다. 다른 동물들은 무슨 죄가 있나? 임산부 태반에서 입자가 발견된 것은 물론이고 임신한 쥐의 경우 폐를 거쳐 심장, 뇌나 태아의 다른 기관으로 빠르게 이동하는 모습을 보였다. 사람 혈액에서 미세 플라스틱이 확인됐다는 분석도 나왔다. 미세 플라스틱의 인체 독성은 아직 명확히 증명되지 않았다. 관련 연구가 초기 단계에 머무르고 있어서다. 하지만 세포손상과 신경독성 조기 사망 등을 이끌 위험이 크다는 연구가 잇따르고 있다. 섭취한 입자크기가 클수록 독성이 더 크다는 분석도 나온다.

온실가스 배출로 인한 지구온난화는 겨울의 폭설, 봄의 홍수, 여름의 가뭄과 폭염, 산불과 태풍 등 갈수록 빈도 강도가 커지는 기상이변은 많은 양의 냉각수가 필요로 하는 원자력 발전을 어렵게 하고 있다. 전력의 68%를 원자력으로 생산하는 프랑스에선 기후변화로 호수 등 물의 온도가 높아져 원전 가동을 중단하는 일이 벌어지고 있다. 그런데 우리나라는 다시 원자력 발전을 재개하려고 하고 있다. 없어지지 않는 핵폐기물은 어떻게 할 것인가. 500m 지하에다 아무 대책 없이 핵폐기물을 숨겨놓으면 우리의 후손들은 어떻게 될 것인가. 후손들에게 고통을 주려 하지 말고 인구수를 줄이면 모든 문제가 해결될 것이다. 1986년 4월 26일에 있었던 체르노빌 참사를 잊지 말아야 할 것이다.

66

많은 인구는 온실가스를 많이 배출하고
기상이변을 일으킨다.

99

．
．
．

공룡은 약 2억 3000만 년 전 처음 지구에 나타나 1억 6000만 년 동안이나 지구에서 살았다. 공룡이 지구에서 모두 사라진 이유는 무엇인가. 그 이유에 대해선 학자마다 의견이 다르다. 중생대에서 신생대로 넘어가는 6500만 년 전 지름 10km의 운석이 지구에 떨어지면서 생긴 엄청난 양의 먼지가 햇빛을 막아 지구의 날씨가 갑자기 추워졌고 식물들이 모두 얼어 죽어 초식공룡들이 굶어 죽었다는 주장이다. 물론 이 또한 가설이다. 초식공룡의 수가 줄어들자 육식공룡도 먹이가 없어져 점점 죽어갔다는 것이다. 결국 어느 정도 시간이 흐른 뒤 모든 공룡이 지구에서 사라지게 된 것이다.

소행성의 발견은 19세기가 되어서야 비로소 이루어졌다. 20세기 들어서면서 1923년 100번째, 1990년에는 5000번째 소행성이 발견되고 2008년 7월 17일 기준으로 189,407개가 등록되었다(한국어 위키백과). 이 정도 숫자면 1년에도 수십 차례 지구와 충돌해야 정상이다. 하지만 한 번도 없었다.

초식공룡의 크기가 너무나 엄청나다. 몸집은 대략 아프리카코끼리 성체 4마리 정도를 모아놓은 크기이며 몸길이는 30~40m 정도에 이르고 몸무게는 15~18톤에 달했을 것으로 추정하고 있다. 물론 초식공룡은 종류별로 크기가 차이가 있다. 공룡의 종은 1,047개로 추정하지만, 공룡의 생김새, 크기, 식성, 행동 양식 등은 천차만별이었다. 모두가 추정이기 때문에 별 의미가 없는 것 같다.

하지만 여기서 중요한 문제가 하나 있다. 이 엄청난 크기의 초식공룡이 지구에서 1억 6000만 년 동안 살았다는데 몇 마리가 살았는지에 대해서는 연구 결과가 없다. 운석이 떨어진 것이 아니라 거대한 초식공룡들이 지구의 식물들을 닥치는 대로 먹어 치웠을 것이다. 식물이 없으니 산소도 없을 것이다. 질식했을 가능성이 더 커 보인다.

그러면 인간은 어떠한가. 인간의 수가 기하급수적으로 늘어나면서 80억을 넘는다. 호모사피엔스에서 시작하면 불과 30만 년밖에 안 된다. 공룡이 지배한 기간의 500분의 1도 안 되지만 산림을 닥치는 대로 파괴하면서 지구에 지금 대재앙이 시작되었다.

미국 우주기업 스페이스X를 이끄는 일론 머스크는 2024년에 화성에 사람을 보내고 2050년에 화성에 100만 명이 거주하는 꿈을 꾼다. 화성까지 오염시키려 하지 말고 지구를 구하는 데 힘을 쓰기 바란다. 인간은 자정능력이 없다. 자정능력을 키워야 한다.

초식공룡이 식물을 마구잡이로 먹어치우면서

지구에 산소가 부족해져

공룡이 멸종한 것은 아닐까?

:

　스칸디나비아반도의 툰드라 지역에서 살아가는 레밍이라는 설치류가 있다. 나그네쥐라고도 부른다. 한 해에 1~2회씩 한 번에 5~6마리의 새끼를 낳는다. 번식력이 엄청나다. 일정 수 이상의 개체가 밀집될 경우 먹이가 바닥난다. 이때가 되면 갑자기 행동 양상이 바뀌어 떼를 지어 무작정 몰려다니기 시작하는 기이한 습성을 가지고 있다.

　충분한 먹이가 있는 지역에 도달할 때까지 무작정 달리다 보니 땅끝 해안절벽까지 도달한 상태에서 그대로 우르르 떠밀려 바다에 빠져 익사하는 현상이 자주 목격된다. 이 때문에 자살하는 동물로 잘 알려져 있다. 한정

된 먹이를 두고 개체수를 알아서 조절하기 위해 이런 행동을 한다고 알려졌지만, 레밍은 지나친 근시이기 때문에 앞을 잘 볼 수가 없어서 그렇다고 하는 학자도 있다.

하지만 그건 아닌 것 같다. 먹이가 많고 개체수가 적을 때는 결코 이상행동을 하지 않는다는 것이다. 탐욕으로 똘똘 뭉친 인간이라면 심각하게 받아들여야 할 것 같다. 그 쥐만도 못한 인간이고 싶지 않으려면 말이다.

자정능력이 없는 바보 인간들을 위해서 이제는 우리 노인들이 나서려고 하는 것이다. 힘든 노인 80%가 안락사를 원하고 있는데 권력자들은 자기들의 권력욕만 앞세워 받아들일 생각을 아예 하지 않는 것이다. 병들고 힘없는 노인들의 한 표도 필요한 것이다. 그렇다면 노인들은 투표권을 반납해야만 한다.

1만 2천 년 전 간빙기가 시작할 무렵 세계 인구는 약 1만 명 정도에 불과했다(참고로 80만 년~90만 년 전에는 번식 가능한 인간의 개체수가 1,280명이라는 연구 결과가 있다).
1789년(정조 13년) 호구총수(18세기 후반 전국의 호구 현황을 기록한 통계 기록)에 의하면 한양의 인구는 18만 9,153명이었다. 조선 인구는 720만 명이었는데 200년이 지난 지금 우리나라의 인구는 남북한 합쳐 7,600만 명이 넘는다. 10배 이상 급증했다. 200여 년 전 720만 명의 인구로도 충분하였고 외롭지 않았다. 지금도 시골에 가면 인구는 많지 않지만 외롭지 않다. 1949년 정부수립 직후 2,000만 명이 1960년에는 2,500만 명을 넘었다. 2012년 6월 23일 5,000만 명을 넘어섰다. 우리나라 인구는 500만 명이면 충분하다. 인구가 많으면 안 되는 이유는 차고 넘친다.

좁은 땅에 과밀하게 살다 보니 한국인들은 스트레스가 많다. 같은 공간에 점점 많은 수의 쥐를 넣을수록 스트레스를 많이 받아 공격적이 된다는 실험 결과도 있다. 그래서 우리나라 사람은 스트레스가 많기 때문에 너무나 공격적이다. 뉴스를 보면 매일 사건 사고가 끊이지 않는다. 툭하면 살인사건이다. 묻지마살인도 너무 많다. 살아가는 것이 끔찍하다.

"
좁은 땅에서 과밀하게 사는
한국인은 스트레스가 많다.
"

이유는 단 한 가지, 사람이 너무 많다는 것이다. 200년 동안 10배가 늘었으니 앞으로 200년 동안 10분의 1로 줄여야 우리 후손들이 살 수 있는 공간이 나온다. 정부는 의지가 없다. 아니 오히려 거꾸로 가고 있다. 그래서 노인들이 나서야 한다. 솔선수범을 보여야 한다.

：

 한국의 초저출산 현상은 최근 빈번하게 이슈화되지만 시작은 최소한 20년 이상 길게는 반세기에 걸쳐 진행됐다. 실제 합계출산율은 1984년 1.741명으로 미국보다 낮아졌고 1993년에는 1.65명으로 프랑스를 밑돌았다. 2001년에는 출산율이 일본보다 낮은 1.31명이 되면서 초저출산국으로 진입했다. 통산 출산율이 1.3명 이하면 초저출산, 1.3명에서 2.1명(인구 유지 수준)이면 저출산에 해당한다. 급기야 2018년에는 출산율이 0.98명을 기록하면서 전 세계의 주목을 받기 시작했다. 물론 그 후에도 2019년 0.92명, 2021년 0.81명, 2022년 0.78명으로 내리막길을 걷고 있다.

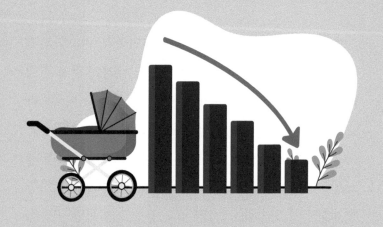

18세기 칼 폰 린네는 인간의 생각하는 능력을 강조하기 위해 현생인류를 사피엔스로 명명했다. 사피엔스는 생존과 번식을 위한 생명체의 원초적 본능뿐 아니라 기상천외한 상상력과 노력으로 새로운 세상을 개척하고 신세계를 열어가는 초인적 존재이기도 하다. 정신의학적으로도 인간의 마음에는 본능을 따르고 싶은 욕망, 본능과 현실 사이의 괴리를 조정하는 자아(自我), 양심과 도덕을 대변하는 초자아(超自我)가 공존하며 이 세 요소가 조화와 균형을 이룰 때를 가장 이상적인 상태로 본다.

저출산은 지난한 진화 과정을 거친 사피엔스가 20세기에 과학적 피임법을 발명해 번식 본능을 통제할 수 있게 되면서 나타난 현상이다. 이성적인 능력이 원초적 본능을 극복한 셈이다. 생물학적으로 여성은 임신과 출산의 주체다. 피임이 없던 시절에는 초경 이후 평생을 임신과 출산, 양육에 매여 살아야 했다. 사피엔스 고유영역인 지적, 문화적 활동에 참여하는 일은 극소수 여성에게 허용된 정신적 사치였다.

하지만 출산과 양육의 부담이 줄면서 여성의 삶에도 선택지가 확대됐다. 또 교육의 보편화는 과학적인 피임법을 이용하는 인구를 확산시켰다. 21세기 국가별 출산율은 사회문화적 선진화 정도와 여성의 교육 수준을 반영한다. 실제 고학력 여성이 많은 선진국의 출산율은 낮은 반면, 교육에서 소외된 여성이 많은 후진국의 출산율은 높다.

한국은 가임기 여성의 교육 수준이 대학 진학률 70% 이상일 정도로 세계 최고다. 출산율 세계 최저수준은 그다지 이상한 상황도 아닌 셈이다. 남녀를 떠나 현대인은 이성의 힘으로 번식 본능을 조절하면서 삶의 질을 극대화하는 접점을 찾는다. 본능이 이성의 지배를 받는 상황이니 21세기 사피엔스는 선조보다 진화한 셈이다.

만일 출산과 모성애가 여성의 본능이라면 작금의 상황은 한국 여성의 유전자에 새겨진 모성 본능이 퇴화한다는 것을 의미하는 것일까. 아니면 고도로 발달한 4차산업 시대를 맞아 한국이 새로운 첨단사회상을 선도적으로 제시하고 있는 것일까. 후자가 맞는 것 같다. 이성의 지배를 받는 한국 청년들의 집단 지성이 내린 결론이기 때문이다. 따라서 이를 뒤바꿀 만한 합리적인 대안을 찾기는 어렵다.

파격적인 이민정책을 통해 외국의 슬기로운 청년들을 받아들여야 한다는 대안이 제시되고 있지만 이는 매우 위험한 발상이다. 지구를 살리려는 가장 선진적인 우리나라 청년들의 집단 지성을 무시하면 지구는 다시 몰락의 길로 갈 것이다.

이번 기회에 전 세계에 알려야 한다. 인구를 줄여서 탄소중립으로 가고 지구를 살리는 길을 택해야 한다. 이를 위해서는 지도자가 필요하다. 큰 지도자가 필요하다. 조그만 자기 나라도 제대로 이끌지 못하는 지도자가 태반인데 큰 지도자가 나올 수 있을까. 위기는 기회다. 이제는 나와야 한다. 전 인류를 이끌 수 있는 지도자가 나와야 한다. 노인들의 존엄을 위해 안락사를 허용할 수 있는 통 큰 지도자를 기대해 본다. 시간이 많지 않다.

"

전 인류를 이끌 수 있는
큰 지도자의 필요성

"

⋮

실제 과학자들은 2020년 유전자 분석을 통해 호모사피엔스의 자연 수명이 38세라는 것을 밝혀냈다. 인간의 노화란 자연이 준비한 것도 고통스러운 것도 아니다. 자연 상태에서라면 늙어 죽기 전에 혹독한 환경과 천적, 부상 등으로 이미 죽음을 맞았을 인간이 잉여로 갖게 된 시간이 노화이기 때문이다. 만약 40이 넘었다면 자연 상태의 죽음을 넘어 "선물" 같은 시간을 살고 있다는 얘기다.

의학 기술의 발달, 생활양식의 변화로 지난 2000년 동안 인류수명이 평균 2배 이상 늘었다. 2022년 경제협력개발기구(OECD) 회원국의 평균 기대수명은 80.5세, 우리나라는 83.5세다. 내년이면 우리나라의 "초고령사회" 진입이 확실시된다. 2023년 말 기준 70세 이상 인구가 통계 작성 이후 처음으로 20대 인구를 추월하면서다. 65세 이상 고령인구는 올해 노인 1,000만 시대를 돌파했다. 이미 초고령사회에 진입했다. 암울할 것만 같은 초고령사회의 희망은 젊은이들의 저출산과 노인들의 안락사에서 찾을 수 있다.

모든 개체는 서식 환경이 나빠지면 그 숫자를 줄이고 위험을 경계한다고 했다. 우리나라의 출산율이 세계 최저수준으로 국가소멸을 우려한다고까지 할 정도면 미래가 너무나 밝다. 새끼를 낳아서 기를 수 없는 환경에서 새끼를 낳는 동물은 진화 과정에서 살아남을 수 없으나 진화생물학적 차원에서 대한민국의 저출산은 지극히 당연한 진화적 적응 현상이다.

지구를 살리기 위해서는 우리나라뿐만 아니라 전 세계적으로 인구 감소가 필요하다. 아니 멸종 수준으로 줄어들어야만 한다. 그 일을 우리나라 젊은이들이 앞장섰다고 하니 얼마나 위대하고 자랑스러운가. 인구도 경제도 성장은 없고 축소되는 시대, 축소되는 국가나 도시를 성장 실패의 상징이 아니라 합리적인 미래 경로라는 생각부터 받아들이며 축소를 관리해야 한다.

아이를 낳으면 사회가 함께 길러줄 것이라는 믿음을 주고 아이가 살아갈 만한 사회를 만드는 것은 이미 원시시대에 있었던 일이다. 수렵 채취로 살아가는 원시시대에는 자기 남자 자기 여자가 따로 없었다. 같이 무리 지어 다니면서 사냥도 같이 하고 서로가 서로를 사랑하기 때문에 태어난 아기도 나의 애가 아니고 우리의 애가 되는 것이다. 물론 키우는 것도 공동으로 키운다. 모든 것이 공동소유였다. 그래서 분란이 없다. 자본주의의 근본인 사유재산제도가 인간을 탐욕스럽게 만들었다. 인간의 욕심과 변심은 인간 스스로 다스릴 수가 없다. 하지만 우리 노인들은 탐욕을 내려놓을 줄 알아야만 한다.

진화생물학적인 측면에서
대한민국의 저출산 현상은 당연한 일이다.

⋮

고령자 운전의 위험성이 사회적 문제로 떠오르고 있다. 8월 12일 경찰청에 따르면 65세 이상 고령 운전자는 2022년 438만 명에서 2025년 498만 명, 2040년에는 1,316만 명으로 급증할 것으로 예상된다. 고령 운전자 부주의로 인한 교통사고도 증가 추세다.

지난해 전국에서 발생한 교통사고 중에서 65세 이상 고령 운전자가 가해자인 사고는 3만 9,614건으로 2021년 3만 1,841건보다 24.4% 늘었다(한국도로교통공단 교통사고분석시스템). 2018년 고령 운전자 면허 반납제도가 도입됐지만 반납률은 매년 2%가량에 불과하다.

지난 7월 1일 서울 중국 시청역 인근 교차로에서 68세

남성이 몰던 차량이 보행자를 덮쳐 9명의 목숨을 앗아
간 사고와 관련해 고령 운전자의 면허 자격 논란이 심각
하게 받아들여지고 있다. 지난 3월에는 서울 강남구 양
재대로 구룡터널 교차로 인근에서 80대 남성이 운전 부
주의로 7중 연쇄 추돌사고를 일으켰다. 또 4월에는 경기
성남시 판교 노인종합복지관 주차장에서 90대 운전자가
운전 미숙으로 후진 중 노인 4명을 덮쳐 1명이 숨졌다.

노인들의 순발력과 인지력은 하루가 다르게 떨어진다.
미성년자 나이가 19세까지라고 한다면 노인 나이 65세
는 이제 갓 성인이 되는 20세라고 보면 된다. 노인 나이
70세는 15세 소년의 뇌와 비슷한 수준이고 노인 나이 80
세는 5살짜리 어린애 수준이다. 80세 노인이 운전한다는
것은 5살 어린애가 운전하는 것과 똑같다고 생각하면 된
다. 5살 어린애는 엄마가 하지 말라면 하지 않는다. 하
지만 80세 노인에게는 엄마가 없다.

우리 노인들이 하지 말아야 할 것이 운전만이 아니라
또 있다. 담배를 피우지 말아야 한다. 노인들은 인지력

이 부족하기 때문에 꽁초 관리를 하지 못한다. 불이 꺼졌는지 꺼지지 않았는지 분간을 잘 못한다.

지난해 성탄절 새벽 서울 도봉구의 한 아파트에서 실내 흡연 뒤 담뱃불을 제대로 간수하지 못해 불을 낸 김모 씨(78세)에 대해 법정최고형인 금고 5년을 선고했다. 당시 화재로 위층에 거주하던 30대 남성이 생후 7개월된 딸을 품에 안고 뛰어내리다 목숨을 잃었다. 화재 발생을 최초로 신고한 또 다른 30대 남성도 비상계단에서 심정지 상태로 발견돼 병원으로 이송됐지만 숨겼다. 병원에 입원했던 박모 씨도 올해 6월 병원에서 끝내 숨져 3명이 사망하고 26명이 중경상을 입었다. 담뱃불도 제대로 관리하지 못하는 노인 하나가 젊은 가정 3곳을 풍비박산 내고 중경상을 입은 26명에게 크나큰 고통을 안겨준 사건이었다.

담배는 간접흡연이 더 위험하다고 했다. 바람이 불면 앞사람 입 속에 있던 담배 연기가 곧바로 뒤에 있던 사람의 얼굴을 덮을 수 있다. 간접흡연에 발암물질이 더 많다는 연구 결과가 많다. 필터를 통하지 않은 담배 끝에서 나오는 연기가 많은 데다 앞사람의 입 속과 폐에 있던 담배 연기를 맡을 수 있기 때문이다. 지난해 12월에 발표한 보건복지부의 국가 암등록 통계에 따르면 2021년에만 폐암 환자가 3만 1616명 발생했다. 80%가량이 담배를 안 피운 여자 환자도 1만 440명이나 된다. 상당수가 간접흡연의 피해자일 수도 있다. 담배는 환경오염뿐만 아니라 주변의 많은 사람이 피해를 보고 있다. 담배는 반드시 끊어야 한다. 노인들이 모범이 되어야 한다. 노인들이 끊으면 젊은이들도 끊을 것이다.

젊은이들이 보고 있는데도 건널목 빨간불에 무단횡단하는 노인들이 있다. 젊은이들에게 모범을 보여야 하는데 참으로 민망하고 부끄럽다.

논어에 나오는 얘기다. 君君臣臣父父子子(군군신신부부자자)라고 했다. 임금이 임금 같지 않으면 신하가 임금을 끌어내리라 했고 어버이가 어버이 같지 않으면 자식이 어버이를 끌어내리라고 했듯이 노인도 노인 같지 않고 어린애 같으면 끌어내려야만 주변에 피해를 주지 않는다.

> 노인들은 스스로
> 운전면허증을 반납해야 한다.

이제는 노인들이 자진해서 운전면허증을 반납해야 한다. 교통사고를 줄이기 위해서도 필요하다. 반납해야 할 것이 또 있다. 투표권이다. 노인들의 인지력 부족으로 올바른 정치인에게 투표할 수가 없다. 우리나라 정치인 수준이 형편없는 이유는 인지력이 부족한 노인들 탓이 크다. 이제는 노인들 스스로 나서서 투표권을 반납해야 한다. 정치발전을 위해서도 필요하다. 동네마다 노인회 장들이 있는데 마지막 봉사라 생각하고 이분들이 나서 줘야 한다. 우리나라 청년들은 일자리가 없어서 고통스 러워하고 있다. 이제는 우리 노인들이 일자리를 양보해 야 하지 않을까. 겸손할 줄 아는 노인이 되고 싶다.

．
．
．

"그냥 쉰다는 청년 44만 명"

한국판 탕핑족이 늘고 있다. 탕핑(躺平)은 가만히 누워 아무것도 하지 않는다는 뜻으로 경제 성장세가 둔화하고 빈부격차가 커지면서 청년층의 미래가 불확실해지자 중국에 등장한 신조어다. 중국판 "니트족(Neet, 일하지 않고 일할 의지도 없는 무직자)"으로 개인의 노력으로 극복하기 어려운 사회, 경제적 현실을 뜻하는 용어로 쓰인다.

통계청에 따르면 일도 하지 않고 구직활동도 하지 않은 채 "그냥 쉬었다"는 니트족 청년(15~29세)이 44만

3,000명을 기록했다. 7월 기준 역대 최대치다. 청년층 인구가 줄면서 "그냥 쉰 청년" 비중(5.4%)도 역대 최고 수준이다.

"그냥 쉬었다"는 취업자나 실업자가 아닌 비경제활동인구 중 중대한 질병이나 장애는 없지만 막연히 쉬고 싶은 상태인 경우다. 늘어난 숫자보다 더 걱정스러운 건 일할 의사가 없다는 대목이다. 그냥 쉰 청년 중 75.6%(33만 5,000명)는 "일한 생각이 없다"고 했다. 일할 생각이 있어도 경제활동에 나설 가능성도 크지 않아 보인다. 원하는 임금 수준이나 근로조건에 맞는 일자리가 없어서(42.9%) 그냥 쉬었기 때문이다. 일거리가 없거나(18.7%) 교육 기술 경험이 부족(13.4%)해서 쉰 경우보다 눈높이에 맞지 않는 일자리 부족이 문제였다.

청년 니트족의 증가는 한국 사회가 안고 있는 다양한 문제의 집약체다. 청년층의 학력 수준은 높아지고 있지만 심화하는 일자리 양극화는 청년들의 경제활동을 주저하게 한다. 청년 니트족의 증가는 사회경제적 손실로 이어진다. 청년층의 능력과 잠재력이 사장되고 노동 인력 활용에도 문제가 생길 수 있다. 일부 대기업 노조는 정년 연장을 요구하고 있다. 노인들의 욕심 때문에 젊은 이들이 일자리가 없다고 어디에다 하소연할 수도 없다. 대기업 노조는 정년 연장을 요구할 게 아니라 젊은 청년들을 위해서 조기퇴직을 유도하여 젊은이들에게 양보해야 한다. 그렇지 않으면 우리의 다음 세대는 희망이 없다. 먼 미래인 줄 알았던 AI 시대가 코앞에 닥친 현실이다. AI의 사회적 위험은 대규모 실업 사태다. 그래서 우리 노인들은 조용히 준비해야 한다.

양질의 일자리를 얻지 못해
아예 구직을 포기하는 청년들

⋮

　발톱 깎다가 석 달간 목발 신세를 져본 적이 있는가?
늙어 홀로 되신 부모의 발톱을 본 적이 있는가. 나이 들
어 허리 굽히기 힘들다. 눈은 침침하고 손도 무뎌져 손
톱깎이를 발톱에 제대로 물리기도 어렵다. 잘못 자르다
살이 물린다. 발가락이 곪아 수술까지도 간다. 당뇨가
심하면 발가락을 잘라내기도 한다. 발톱 깎기는 노인들
공통의 난제다. 그렇게 노화는 사소한 것부터 전면적으
로 삶을 침공해 온다. 그에 맞서 노인들은 싸울 수가 없
다. 이게 우리 노인들의 현실이다.

　노인들은 인지력이 떨어진다. 나 역시 그렇다. 언제부
턴가 혈압약을 먹는데 먹었는지 안 먹었는지 기억이 없

을 때가 많다. 남들이 알면 안 되므로 숨기고 싶다. 다른 사람은 속일 수 있어도 나 자신을 속일 수가 없다. 그래서 이제는 매일 아침 혈압약을 먹을 때 몇 번씩 확인을 하고 기억하려고 애를 쓴다. 지금은 괜찮지만 날이 갈수록 젊어지는 것이 아니라 늙어가는 것이다. 어느 한순간 자식도 몰라보는 때가 올 것이다. 그때까지는 가고 싶지 않다. 적당한 시기에 모든 것을 내려놓고 싶다.

노인이 되면 거의 대부분 고혈압 환자다. 나 역시 10년 이상 고혈압 약을 복용하고 있다. 한국인에게 고혈압을 일으키는 가장 큰 원인은 첫째 스트레스다. 둘째는 예민한 몸과 맘, 셋째는 비만이다. 위장은 80%만 채우면 의사가 필요 없고 120%를 채우면 의사도 어찌할 도리가 없다고 했다.

서울대학병원 가정의학과 주임교수인 유태우 박사는 30여 년간 10여만 명 고혈압 환자들을 약을 치료제로 사용했지만 이게 아니라고 깨닫기 시작했고 고혈압을 3개월 안에 약 없이 완치할 수 있다고 했다. 유 박사는 자신의 체중을 1년 만에 79kg에서 64kg까지 15kg을 감량해 비만 완치와 고혈압 완치 100%였다. 유 박사는 고혈압 약을 한시적으로 3개월 이내로만 사용할 것을 적극 권장한다. 이 3개월 내에 원래 병의 원인을 찾아서 그것을 개선하거나 해결하려는 노력 또는 훈련을 하면 병 자체를 완치할 수 있다고 선언했다. 그러나 약만 믿고 있으면 병이 지속되거나 악화된다. 약을 평생 먹을 것인가? 원인을 고칠 것인가?

일본 마쓰모토 미쓰마사(松本光正) 박사의 책『고혈압은 병이 아니다』에서 혈압약을 복용하면 더더욱 안 된다고 경고한다. 몸에 바이러스가 침투하면 이를 퇴치하기 위해 열이 나는 것처럼 혈압이 시시각각 변하는 것은 몸의 자기조절기능이 발동하고 있다는 증거다. 인체의 모든 반응에는 반드시 목적이 있다. 혈압에 대한 유연한 사고가 필요하다.

그리고 혈압대처법은 지극히 간단하다. "내버려 두라"는 게 전부다. 물론 수축기 혈압이 200mmHg를 넘거나 심장에 지병이 있는 경우에만 예외란다. 만들어진 질병에 기죽지 말고 웃으며 편히 살라고 권고한다.

효과적인 고혈압 대처법

'내버려 두기'

마쓰모토 미쓰마사(松本光正) 교수에 따르면 일본은 고혈압 환자만 약 5,500만 명(2011년 통계)이라고 하니 가히 국민병이라고 할만하다. 상식적으로 과연 그럴 수가 있을까? 그것은 너나 할 것 없이 고혈압 환자라는 의미인데 정작 본인은 아픈 곳 하나 없이 건강하다. 혈압이 기준치(2008년 조정)보다 높을 뿐이다. 딱 잘라 말하면 고혈압은 병이 아니다(유태우 박사, 松本光正 교수).

　약간 신경 쓰이는 고혈압이 큰 병을 일으킬 가능성은 제로에 가깝다. 이것이 30년 이상 10만여 명을 진찰한 끝에 내린 결론이다. 그렇다면 왜? 이런 거짓말이 세간에 퍼져 수많은 사람을 고혈압 환자로 만들어 버린 것일까? 마쓰모토 박사는 이렇게 말한다. 제약회사(다국적기업)와 어용학자 행정기관이 모두 한통속이 돼 캠페인을 벌이며 고혈압 위험론을 퍼뜨렸기 때문이다.

　박사는 "고혈압증이야말로 제약회사의 이익 때문에 만들어진 허구의 병이라고 생각한다"라고 그의 저서에서 선언하고 있다. 고혈압이 병이라는 것은 새빨간 거짓

말이다. 그는 지금 당장 고혈압약을 버리라고 외치고 있다. 나도 버릴 것이다. 그 이유가 무엇인지 박사는 다음과 같이 설명한다.

2000년까지 고혈압 기준치는 수축기 180이었다. 그런데 그것이 낮춰져 2008년에는 130으로 되었다. 불과 8년 사이에 50mmHg(밀리미터 수은주)나 낮춰졌고 현재 혈압의 기준치는 정상 120 미만(수축기)/80 미만(이완기), 고혈압 전 단계 120~139/80~89, 1단계 고혈압 140~159/90~99, 2단계 고혈압 160 이상/100 이상이다. 지금 누군가가 혈압이 120을 넘었다면 그 사람은 고혈압으로 분류된다. 그날 즉시 환자가 되어 의사로부터 일상생활에 대한 지도를 받고 혈압약을 처방받게 된다. 평생 죽을 때까지다.

고혈압 기준치가 내려가면 당연히 환자 수가 증가하는 결과로 이어진다. 제약회사 및 의료기관 수입이 증대된다. 고혈압 기준치가 160에서 140으로 내려가면 150의 정상인이 갑자기 환자로 둔갑한다. 고혈압 기준치를 10 내리는 순간 일본은 1,000만 명, 미국은 2,500만 명의 새로운 환자가 발생하는 셈이다.

1999년 세계보건기구(WHO)가 고혈압 기준치를 160/95에서 140/90으로 바꾸었다. WHO가 기준치를 변경한 것은 다국적기업인 거대 제약회사가 연관되어 있기 때문이라는 말이 조용히 퍼지고 있다. 공정함을 잃고 있다는 지적이 잇따르고 왔다. "고혈압을 그냥 두면 위험하다"는 말로 얼마나 공포심을 주는가, 건강진단 후 의사로부터 갑자기 혈압이 높다는 선고를 받으면 그대로 믿어버리는 경우가 대부분이다. 기준치의 대폭적인 하향 조정 못지 많은 문제가 연령에 따른 혈압의 차이를 무시한 처사다.

1960년대까지 혈압의 기준치는 나이 플러스 90이었다. 당시 모든 의학 교과서에는 그렇게 적혀 있었고 우리도 학교 다닐 때 그렇게 배웠다. 이 공식에 따를 경우 나이 60이면 150이고 70이면 160이 된다. 혈압이 나이를 먹으면서 함께 오른다는 사실은 의학상식이 아니었던가? 그런데도 20세 이상은 모두 성인으로 뭉뚱그려 (20~100세까지 성인) 20대든 80대든 모두 같은 기준치인 120이 적용되는 것은 자연법칙에 벗어나는 일이다.

마쓰모토 박사는 특히 고령자는 160~180이라도 괜찮다고 자신 있게 말한다. 나이 들어 딱딱해진 혈관에 피를 돌리게 하려면 그 정도의 혈압은 필요하기 때문이라고 설명하고 있다. 혈압이 오르지 않게 하기 위해서는 비만을 없애고 건전하고 긍정적인 사고방식으로 열심히 운동하기를 권하고 있다. 삼성서울병원 순환기내과 성지동 교수의 고혈압약에 대한 의견이다. 혈압약을 끊으면 큰일 난다, 한 번 먹으면 평생 먹어야 한다는 말은 사실이 아니라고 했다.

일본은 1980년대 후반에는 230만 명이던 환자가 2011년에는 5,500만 명으로 늘었다. 무려 20배 이상 증가했다. 환자가 늘면 혈압약 판매가 늘어나는 것은 당연한 이치다. 즉 고혈압 기준치의 조작이야말로 제약회사에 금덩이를 안겨 주는 도깨비방망이인 셈이다. 자연 노쇠화 현상에 의해 나이 들면서 혈압은 올라가게 되어 있다. 이는 자연법칙이다. 하지만 제약회사는 기준치 가이드라인을 작성위원에게 또 대학에, 잡지사에 미디어 업체, 교수, WHO에 엄청난 기부금, 광고료 또는 사례비 명목으로 지원하고 있다고 2008년 3월 30일 자 요미우리 신문에 공개되었다.

우리나라 의약품 업체도 예외는 아니다. 의약품 업체 A사는 자사의 의약품을 처방해 주는 대가로 곧 결혼을 앞둔 한 병원장 부부의 고급 웨딩홀 예식비, 호화신혼여행비, 명품 예물비 등 수천만 원을 대신 지급했다. 또 의사 부부 자택으로 수천만 원 상당의 명품 소파 등 고급 가구와 대형가전을 배송하고 상품권 카드깡 형태로 금품을 지급하는 등 총 수백억 원을 제시했다(중앙일보 2024.9.26.).

국세청이 불법 리베이트를 벌인 16개 의약품 업체에 대한 세무조사를 실시했다고 25일 밝혔다. 리베이트는 판매한 상품 용역의 대가 일부를 다시 구매자에게 되돌려주는 행위로 일종의 뇌물적 성격을 띤 부당고객 유인 거래를 의미한다. 그동안 의약시장 리베이트는 적발이 쉽지 않았다고 한다. 의료인과 절대적인 갑을 관계인 만큼 의약품 업체가 향후 거래 중단 등을 우려해 리베이트 자금 최종 귀속자를 밝히지 않는 경우가 많았기 때문이다. 이번 세무조사에서도 업체 영업 담당자들이 "리베이트를 수수한 의료인을 밝히느니 그들의 세금까지 부담하겠다"라고 호소하기도 했을 정도다.

"

제약회사가 만들어 낸

고혈압의 허황된 공포

"

리베이트 수수는 의약품 오남용 등 국민생명을 위협하는 치명적인 부작용을 낳고 있다. 고혈압 때문에 뇌경색이 발생하는 것이 아니고 뇌경색 때문에 고혈압이 발생하는 것이다. 혈압약을 장기복용하면 부작용으로

1. 면역력 저하로 다양한 질병이 발생한다.
2. 눈에 띄게 다리 힘이 약해져서 걷지도 못한다. 넘어져서 골절되면 장기간 누워 지낸다.
3. 하루 종일 정신이 멍하다(치매 초기증상).
4. 한밤중에 부스럭거리면서 뭔가를 찾기도 하고
5. 불안한 듯 집 안을 왔다 갔다 하는 등 건망증이 심해진다.
6. 약이 무리하게 혈압을 낮추면 뇌로 피가 제대로 공급되지 않아 결국 혈관성 치매의 발생 위험이 높아진다.

모든 의사가 자기 밥그릇만 챙기는 불량의사들만 있는 줄 알았는데 정의로운 의사가 더 많다는 데 깊은 감사를 드린다.

우리 노인들은 무식하고 상식이 모자란다. 그래서 권력자들은 무식한 노인들에게 많은 약을 팔아먹으려고 애를 쓰는 것이다. 노인 80%가 원하는 안락사를 받아들이지 않는 이유이다.

필요 없는 약을 팔아먹는 많은 권력자들이 나쁘다.

:

사회가 문명화되어 갈수록 고독사가 늘어나고 있다.

어느 노인의 이야기이다.

"저는 애로운(외로운) 80 독고(독거)노인입니다. 90년
도부터 당뇨와 농내장(녹내장)을 알어(앓아) 왔습니다. 더
견딜 수 없어 이 길을 택한 겁니다. 그리고 집주인 아줌
마와 2동 사회담당 보조 아가시(아가씨)와 너무나 고마워
습니다."

2005년 신변을 비관해 지하철에 투신자살한 한 노인의 품에서 발견된 유서의 내용이다. 병원 진단서 뒷면에 삐뚤삐뚤한 글씨로 써내려간 유서 한 장은 이 노인의 지난했던 삶을 우리 사회에 뼈아프게 전했다.

그로부터 20년 강산이 두 번 변할 세월이 흘렀음에도 노인 자살 문제는 나아진 게 없다. 지난해 10~29세 청년은 10만 명당 28.6명이, 70세 이상은 10만 명 중 98.4명이 극단적인 선택을 했다. 흔히 자살 하면 젊은 층의 극단적 선택을 떠올리지만 평생 온갖 고난을 견뎌온 노인들이 스스로 목숨을 끊은 사례가 압도적이다. 노인들의 자살에는 주로 병들고 가진 것 없어 늘그막에 가족에게 짐이 되지 않으려는 이타적 원인이 많다.

노인들의 극단적 선택은 빈곤과 깊은 연관이 있다. 2021년 6월 보건복지부 발표 "2020 노인 실태조사"에 따르면 노인이 자살을 생각하는 주된 이유는 건강(23.7%)과 경제적 어려움(23.0%)이었다. 선진국이라는 위상에 부끄럽게도 우리나라의 노인 빈곤율은 심각하다. 지난해 11월 경제협력개발기구(OECD)에서 발표한 "한눈에 보는 연금 2023(Pensions at a glance 2023)" 보고서에 따르면 우리나라 노인 빈곤율은 40.4%로 OECD 38개국 중에서 압도적인 1위다. 이웃 일본(20.2%)이나 미국(22.8%)의 두 배 수준이다. 노인 빈곤과 이에 따라 극단적 선택을 하는 노인은 더 늘어날 것이다. 노인 인구는 무서운 속도로 늘고 있는데 노인들의 경제적 상황은 나아지지 않았기 때문이다.

올해 8월께 65세 이상 노인 인구가 1,000만 명을 넘어섰다. 하지만 장기화하고 있는 불경기에 노인들이 가장 먼저 쓰러지고 있다. 법원행정처에 따르면 올해 상반기 기준 전국 법원에 접수된 개인 파산 신청자 10명 중 4명(41%)은 60세 이상이었다. 전체 신청자 2만 745명 중 60대 이상이 8,504명으로 가장 많았다. 더 충격적인 것은 증가세다. 파산신청자 중 60세 이상이 차지하는 비중은 2018년부터 매해 25.9%→27.7%→33%→35.2%→38.4%로 크게 증가했다.

노인 파산이 늘고 있는 건 개인의 문제도 있겠지만 우리 사회의 노후안전망 구축이 시급하다는 것을 보여준다. 평균수명은 올라가고 있지만 각종 질병으로 건강수명은 그만큼 늘지 않고 있다. 실제 세계보건기구(WHO)에 의하면 2018년 기준 한국인의 건강수명은 64.4세에 그친다. 건강하지 않은데 어떻게 일을 할 수 있겠는가. 평균수명 83세까지 살아가는데 18년간 비참한 노후생활을 면할 수 없는 것이다. (65세 이상 노인 85.6% 연명의료 반대)

2020년 현재 65세 이상 고령가구 중 34.9%가 혼자 살고 있고 2050년이 되면 그 비율이 41.1%까지 치솟는다고 한다. 고독사 예방법에 따르면 고독사는 사회적 고립 상태로 생활하는 사람이 자살, 병사 등으로 임종을 맞고 일정한 시간이 흐른 뒤 주검으로 발견되는 것을 말한다.

지난해 5월 경기도 용인시의 공공임대 주택에서 혼자 살던 50대 지체장애인이 숨진 지 두 달 만에 발견되는 일이 있었다. 현장에는 현금 260만 원과 함께 "장례비로 써달라"는 유서가 남아 있었다. 지방자치단체 담당자가 주기적으로 찾아가거나 전화를 해 왔지만, 응답이 없어

사실을 알지 못했다고 한다. 보건복지부 실태조사에 따르면 이런 식으로 아무도 모르게 홀로 죽음을 맞는 고독사는 2021년 기준으로 3,378명에 이른다. 최근 5년 동안 연평균 8.8%씩 증가하는 추세와 사망자 수도 문제지만 증가 속도가 빠르다는 점이 우려스럽다.

　흔히 고독사는 혼자 사는 노인들의 문제라고 간주하기 쉽지만 실제로는 그렇지 않다. 고독사는 60~70대 노인보다는 50대 중장년 남자에게서 가장 많이 발생했다. 배우자와의 이혼이나 별거로 가족관계가 끊긴 사례가 절반 이상을 차지했다. 전통적인 가족관계가 단절된 고위험군에 대해 사회적 유대와 지원이 시급하다고 할 수 있다.

　의학적으로는 알코올 관련 장애의 예방과 치료가 중요한 것으로 분석됐다. 고독사의 원인을 따져봤더니 간경변증 같은 알코올 관련 질환이 적지 않았다. 사망자의 혈중알코올농도는 세 명 중 두 명꼴(63%)로 음주운전 단속에서 면허정지 기준인 0.03% 이상이었다. 평균적으로는 0.074%로 면허취소 수준(0.08% 이상)과 큰 차이가 없었다. 그만큼 사고력과 판단력이 정상적이지 않은 상태에서 사망했을 가능성이 높다는 의미다.

고독사를 맞는 이들이 생전에 사회적으로 고립된 이슈가 음주로 인한 알코올 관련 장애에 있을 가능성도 면밀히 따져볼 필요가 있다. 약물중독으로 고독사하는 경우는 적지 않은 만큼 통합적이고 체계적인 약물의 처방과 관리도 중요하다. 복지부는 지난해 5월 제1차 고독사 예방 기본계획을 발표하면서 고독사 위험군을 약 153만 명으로 추산했다.

이들 중에는 특별한 연고가 없이 혼자 살거나 자포자기에 빠져 가족과 연락을 끊은 경우가 적지 않다. 고독사를 줄이려면 이웃이나 지역사회가 따뜻한 도움의 손길을 내미는 것과 함께 국가적으로 위험신호를 조기에 찾아낼 수 있는 시스템을 구축할 필요가 있다. 이대로 고독사의 증가를 방치한다면 개인적으로도 안타까운 비극인 동시에 사회적으로도 불행한 일이기 때문이다. 경제적으로 어려움을 겪는 당뇨병 환자의 경우 자살 위험이 높아 사회적인 관심과 실질적인 지원이 필요하다는 분석이 나왔다.

 당뇨병을 앓는 저소득층은 당뇨병이 없는 고소득층보
다 자살위험이 4.34배 높았다. 저소득 상태가 오래 지속
되는 당뇨인일수록 자살위험은 더욱 높았다. 당뇨병 환
자는 나이가 들어가면서 합병증 등으로 의료비가 눈덩
이처럼 불어날 수 있다. 당뇨병 환자의 장기간 투병 생
활은 직장생활의 어려움, 실직, 경력 단절 등 경제적 빈
곤을 초래할 수 있고 저소득으로 인한 개인의 우울증은
가정의 불화나 가족의 유대감을 떨어뜨리는 원인이 되
고 자살로 이어진다고 했다. 정부는 당뇨병 환자의 경제
적 어려움뿐 아니라 이들이 겪는 정신건강 문제도 세심
히 들여다봐야 할 것이다. 적극적으로 나서야 한다.

 2000년 전만 해도 당시 최고의 문명국인 로마제국의
평균수명은 21세다. 출생아 전반이 영유아기에 사망했
으며 5세까지 생존하면 평균 42세까지 살았다. 불과 200
년 전인 19세기 조선의 양반 가문도 20세까지 생존한 남
성의 평균수명이 52.6세였다. 일반 백성의 수명은 이보

다 훨씬 짧기 마련이다.

반세기 만에 산업화와 민주화에 성공한 한국사회의 가장 심각한 문제는 극단적 쏠림 현상이다. 사회의 다양한 가치가 조화를 이루는 중도의 진리는 철저히 배제된다. 극에서 극을 달리는 사회는 불안하고 구성원들은 불행하다. 형편이 좋아져도 더 잘사는 사람만 계속 눈에 띄기 때문이다. 결과는 반세기 만에 세계 1위의 초저출산율과 급속한 초고령화 현상을 모두 가진 국가가 됐다. 죽음의 본능(타나토스 Thanatos)마저 극을 향해 자살률은 20년째 경제협력개발기구(OECD) 1위다.

수명 연장에서 오는
건강과 경제 문제가
고독사를 일으킨다.

⋮

"부드럽고 약한 것이 굳세고 강한 것을 이긴다."라고
했다. 봄비 내리던 날 연하디연한 풀이 아스팔트를 뚫고
새순을 피워올리는 것을 본 적이 있다. 아스팔트를 들어
올리는 저 식물 Jack은 몇억 톤의 힘을 내장하고 있는 것
일까.

약한 것이 강한 것을 이긴다는 노자의 잠언이다. 태
어나고 늙고 병들어 죽는 것(生老病死)은 자연이다. 과연
누가 이 자연의 이치를 거부할 수 있겠는가. 나 역시 늙
어가면서 이 잠언을 고맙게 떠올리곤 한다. 그것은 나를
겸허에 이르게 하고 끝내 한 줌 흙으로 돌아갈 자연임을
자각하도록 해주니까.

팔십 중반의 노인들이 병원에 입원하면 입원해 있다는 이유만으로 나빠지는 일이 허다하다. 병원에 입원하면 우선 공간이 제한된다. 집에서는 그래도 살살 집 밖에도 나가 보고 거실도 왔다갔다 하고 소파에도 앉고 화장실도 다니고 식사하러 부엌까지 오는 등 소소한 활동을 하게 된다. 하지만 병원에 입원하면 아무리 1인실이라도 공간 여유가 없다. 특히 다인실이면 공간이 침대로 국한되니 침대에 누워 있는 일밖에 딱히 할 일이 없게 된다.

노인들은 새로운 환경에 적응을 잘 못한다. 병원 내에서 복도를 걸으며 산책하는 일도 잘 안 하려 한다. 젊은 사람도 침대에 2주만 누워 있으면 다리의 근육이 다 빠져서 못 일어나게 된다. 노인들은 근육 빠지는 속도가 빠르고 한번 빠진 근육을 다시 만들기가 무척 힘들다. 병원에 입원한 노인들은 대부분 종아리가 팔처럼 가늘고 흐느적거린다. 그러면 병원에서는 낙상 위험이 높으니 침대에서 내려오지 말라고 한다.

"

노인들은

의미 없는 생명 연장으로

고통받기보다

자유롭고 즐겁게 살다가
존엄을 지키며
품위 있는 죽음을 맞길 원한다.

"

침대에 누워서만 지내면 낙상도 안 하겠지만 온몸의 근육이 빠지면서 삼키는 근육도 기능이 떨어져 식사할 때 사레가 걸린다. 콧줄을 달아 영양을 공급하기 시작한다. 콧줄이 목을 자극하니 자다가 무의식적으로 잡아 빼는데 그러면 다시 콧줄을 못 빼도록 손발을 묶어놓는다. 졸지에 소변줄, 콧줄, 기저귀를 찬 채 사지를 결박당하면 정신이 온전해질 리 없다. 누워서 배변하려면 힘도 잘 들어가지 않는다. 대변을 치우는 간병인에게도 미안한 일이다.

그렇게 드러눕기 시작하면 한두 달을 못 버티고 가게 된다. 특히 팔십 중반의 노인들은 아무리 케어를 잘해도 그렇다. 성인용 기저귀 광고를 보고는 깜짝 놀란 적이 있다. 성인용 기저귀 수요가 얼마나 많으면 공중파 광고까지 한단 말인가. 그만큼 노인 인구가 많다는 것이다. 심각하게 받아들이지 않으면 안 되는 이유다.

현대인에게 이젠 생명 연장만 하며 사는 건 의미가 없다. 자유롭게 이동하고 건강하며 즐겁게 사는 것이 중요한 시대다. 노화를 최대한 늦추고 행복하게 살다가 존엄을 지키며 품위 있는 죽음을 맞길 원한다. 내 주관적인 의견이지만 생의 마침표는 스스로 찍을 수 있기를 희망한다. 언제 어떻게 죽을지 모르지만 기품 있게 생을 끝낼 수 있도록 말이다. 그래서 마지막 페이지를 스스로 결정하고 마무리 지을 수만 있다면 가장 큰 행복일 것이다. 생명이 있는 모든 존재는 소멸한다.

우리는 일상 그대로 살다가 가는 삶을 꿈꾸지만 현실은 그렇지 않다. 한국은 65세 인구가 약 20%로 사실상 초고령사회에 들어섰다. 연간 사망자가 35만 명을 넘어섰고 더 늘어날 게 확실하다. 설문조사를 해보면 대부분 건강하게 살다가 자신이 살던 집에서 편안하게 삶을 마감하고 싶어 한다. 그러나 우리나라는 불행하게도 임종 장소의 16%만이 집이고 77%는 의료기관 같은 시설이다.

반면 미국, 영국, 독일 등에서는 재택 임종이 50% 전후를 차지한다. 지금부터라도 노인성질환, 암 등의 급성기 환자는 단기간 입원치료 후 집에서 통원치료나 방문진료를 받는 재택의료 중심으로의 전환을 서둘러야 한다. 노화나 암이 진행되면 신체적 능력과 정신적 인지능력이 떨어지고 사회적 상실감과 소외감이 높아져 생소한 의료기관보다는 살던 집에서 안정을 취하며 치료받는 것이 더 효과적이다.

퇴원의 희망을 잃은 채 장기 입원할 경우 사회와 격리된 채 옆 병상의 환자들 사망을 보면서 우울증에 빠지기 쉽다. 우리 건강보험과 장기요양은 의사의 방문진료제도가 없고 가족 간병비가 지급되지 않아 재택의료나 재택간병을 할 수 없어 장기입원치료로 내몰리고 있다.

이를 바꾸어야 한다. 급성기만 의료기관에서 치료를 받고 환자가 원할 경우 집에서 치료받을 수 있는 재택의료 제도가 원칙이 되어야 한다. 어디서 치료를 받고 어디서 삶을 마감할 것인가의 문제는 누구에게나 중요하다. 인간의 존엄과 가치를 누리기 위한 노인들의 적극적 의사 표현이 필요하다. 그 강도에 따라 환자 통상의료서비스, 찾아가는 의료서비스, 재택의료, 재택임종이 그만큼 빨리 정착될 수 있다.

> 간병인과 피간병인 모두를 지치게 하는
> 장기 간병 스트레스를 줄이기 위해서라도
> 안락사는 반드시 허용되어야 한다.

그런데 의사 중에는 의외로 병원에서 임종하지 않겠다는 사람이 많다. 코로 관을 연결해 영양을 공급하고 도뇨관으로 소변을 빼내고 기도삽관을 하며 연명하다가 전기충격기에 갈비뼈가 부러진 채 임종하는 고통을 누구보다도 잘 알기 때문이다.

어느 누구도 죽음을 피해갈 수는 없다. 문제는 각자 죽음을 어떤 방식으로 맞이하느냐다. 대만의 어느 여성 의사의 어머니 얘기다. 물론 대만도 안락사가 허용되지 않는다. 그녀의 어머니는 60대 중반 희귀병인 소뇌실조증을 진단받는다. 20년 가까이 투병하며 점점 몸을 가누기 어려워진다. 재봉 일도 요가도 못하게 된 어머니는 "이번 생에 할 일을 다 했다."라며 적당한 때 자연스럽게 죽고 싶다는 희망을 품는다. 그래서 스스로 곡기를 끊고 천천히 죽음을 향해가는 "단식존엄사"를 택한다.

곡기를 끊은 모친은 열흘간은 오히려 정신이 또렷해진다. 가족들은 추억을 나누고 이별을 준비한다. 17일째에는 "생전장례식"이라는 의식도 치른다. 19일째부터는 호흡이 미약해지고 21일째 편안한 얼굴로 숨을 거둔다. 대만 여의사의 어머니는 곡기를 끊은 지 21일째 편안하게 숨을 거두었다고 말하고 있지만 내가 실제로 겪은 얘기는 조금 다르다.

70대 아저씨가 많이 아프다 했다. 치료 방법이 없다고 했다. 살아있음이 참기 어려운 고통이었고 그래서 가족들 동의하에 곡기를 끊기로 하였다. 곡기를 끊고 얼마 안 가 배가 고프고 목이 마르다고 하면서 더 큰 고통을 호소하기 시작했다. 그래서 옆에 있던 가족들이 말렸다. 그렇게 고통스러우면 가지 말라고 했지만 아저씨는 결코 물을 마시지 않았다. 생을 마감하면서 이런 무시무시한 고통을 당하는데도 의사들은 도와주지 않는다. 정부도 나 몰라라 하기는 마찬가지다. 우리 노인들의 마지막을 고통스럽지 않게 도와줄 수 있는 곳은 없는 것일까.

지병을 앓는 가족을 돌보다 환자를 살해하는 "간병살인"이 사회적 문제로 드러나고 있다. 최근 대구에서 치매를 앓던 80대 아버지를 오랫동안 돌봐온 50대 아들이 부친을 살해하고 같은 날 아파트 화단에서 숨진 채 발견되는 비극적인 사건이 발생했다. 아들의 옷 주머니에는 유서로 추정되는 쪽지와 집 주소를 알 수 있는 신분증이 있었다. 유서에는 집 비밀번호도 적혀 있었고 "안방에 아버지가 있습니다. 아버지와 함께 묻어주세요"라고 쓰여 있는 유서를 발견하였다. 경찰이 집에 가보니 80대 아버지가 안방에서 숨져 있었다.

대구경찰청에 따르면 50대 아들은 15년 전쯤 어머니가 세상을 떠나자 아버지를 홀로 돌봐왔다. 그런 아버지가 치매 판정을 받은 건 8년 전이었다. 대학 강의를 해왔던 아들은 이후 일을 그만두고 아버지를 극진히 모셨다.

노인들에게 치매는 암보다 더 무서운 병이다. 본인도 간병인도 감당할 수가 없다. 노인이 병든 배우자를 돌보는 노노(老老) 간병, 중증장애를 가진 자녀를 고령의 부모가 돌보는 노장(老長) 간병, 병든 부모와 장애를 가진 자녀를 함께 돌봐야 하는 다중(多重) 간병, 그리고 대체 간병인이 없는 독박 간병은 인간을 한계상황까지 몰아

간다.

기한 없이 장기간 이어지는 간병 스트레스는 수면부족과 체력저하를 가져오고 우울증으로 판단을 흐리게 한다. 간병을 위해 직장까지 그만두면 경제적 빈곤이 깊어지기 마련이다. 심각한 경제적 빈곤은 피간병인의 치료 문제를 넘어 의식주라는 삶의 기본 요건을 침해한다. 사회적 교류가 단절되고 인간적인 삶이 박탈당하며 범죄를 일으킬 가능성이 커진다. 더하여 치매 환자의 망상과 폭력, 만성질환자의 폭언이나 인지장애는 지친 간병인에게 분노를 일으킨다. 우발적 살인의 동기가 되기도 한다. 대부분 두터운 가족애에서 시작된 간병이 친족 살인이라는 끔찍한 결과로 끝나기에 간병 범죄는 더욱 안타깝다.

특히 고통을 호소하는 피간병인의 요청에 따라 안락사 형태로 행하는 촉탁살인은 윤리적 비판을 피할 수 없다고 하는데 어불성설이다. 그렇게 윤리를 따지는 자가 간병살인에 대한 책임을 져야 한다. 방조하는 것이므로 정부도 공범이다. 공범이 되고 싶지 않으면 간병인, 피간병인의 고통을 해결할 수 있는 안락사가 반드시 허용되어야만 한다. 스위스가 하고 있고 네덜란드도 하고 그 외 여러 국가에서 하고 있는데 왜 우리나라는 못 하는가? 권력자들의 책임이 크다. 힘들게 간병해도 피간병인은 절대 살아나지 못한다. 반드시 죽는다. 이게 현실이다. 교통사고가 무서우면 모든 자동차를 불살라 버려야 한다. 누구든지 마지막 파티하듯 생을 마감하고 싶어 한다.

“

해외까지 가지 않고
사랑하는 가족의 품에서
마지막을 맞이하고 싶다.

”

" 부부의 행복한 마지막 "

:

세계 영화계에서 가장 신비로운 배우이자 프랑스 영화
의 위대한 유혹자 프랑스 영화계의 영원한 스타가 세상
을 떠났다. 프랑스가 낳은 세기의 미남 배우 알랭 들롱
이 별세했다. 88세. AFP에 따르면 알랭 들롱의 세 자녀
는 "아버지가 8월 18일(현지 시각) 자택에서 가족들이 함
께 있는 가운데 평화롭게 세상을 떠났다"라고 밝혔다.
사인은 발표되지 않았다. 2019년 뇌졸중으로 쓰러져 수
술을 받고 투병해 온 고인은 "건강이 악화할 경우 안락
사해달라"는 뜻을 2022년 3월 가족을 통해 공표했다. 이
후 안락사를 허용하는 스위스에 머무른 것으로 알려졌
다.

드리스 판 아흐트 전 네덜란드 총리가 자택에서 동갑
내기인 부인과 동반 안락사로 생을 마감했다. 지난 2월
10일(현지 시각) AP통신 등에 따르면 판 아흐트 전 총리
와 부인 외제니 여사는 지난 2월 5일 93세를 일기로 별
세했다. 생자필멸(生者必滅). 살아있는 사람은 반드시 죽
음을 맞이한다. 그 어떤 예외도 없다. 인간의 숙명이다.
모두에게 정해진 미래이다. 누구나 인생의 마지막이 평
화롭기를. 의미 있게 삶이 마무리되기를 소망한다.

변호사 출신인 판 아흐트 전 총리는 기독민주당(CDA)
의 초대 지도자였고 1977~1982년 총리를 지냈다. 그는
2019년 팔레스타인 추모행사에서 뇌졸중으로 쓰러진 뒤
계속 건강이 좋지 않았다고 한다. 네덜란드 언론에 따르
면 그는 카톨릭 신자였지만 항상 "내 여인"이라고 부르
며 70여 년을 해로한 아내와 함께 자신만의 길을 선택했
다.

이번 사례와 같은 동반 안락사는 2002년 세계 최초로
안락사를 합법화한 네덜란드에서도 드물다. 네덜란드

는 6가지 조건 아래에서 안락사를 허용하고 있다. 환자가 견딜 수 없는 고통을 겪고 있으며, 치료 가망이 없고, 오랫동안 독립적으로 죽음에 대한 소망을 밝힌 경우 등이다. 2022년 한해 네덜란드에서 안락사를 택한 사람은 총 8,720명으로 전체 사망의 5.1%를 차지했다. 하지만 동반 안락사는 네덜란드에서도 흔치 않아 2020년 13쌍, 2021년 16쌍, 2022년 29쌍에 불과했다. 두 사람이 동시에 치료에 대한 가망 없이 견딜 수 없는 고통을 겪고 있으면서 함께 안락사를 원할 가능성은 매우 적다.

우리나라 노인들은 안락사가 허용되는 나라들을 부러워한다. 노인들은 궁금해한다. "왜 우리나라는 안 되는가?"

2021년 서울대 의대와 2022년 한국 리서치 등의 여론 조사를 보면 조력 존엄사에 대해 국민 10명 중 대략 8명이 찬성했다. 지난해 두 번의 의사 대상 조사에서도 의사 절반 혹은 약 80%가 찬성했다. 한국천주교 주교회의는 반대 입장을 보였지만 천주교 신자도 70% 이상 찬성

한다. 물론 입법에 따른 부작용을 우려하는 목소리가 있다. 그러나 입법을 하지 않는 것에서 오는 피해는 더 심각하다. 대책을 마련하지 못해 질병으로 인한 간병살인과 극단적 선택은 무시할 수 없는 현실이 되었다.

한 언론사의 취재에 따르면 현재 한국인 300여 명이 스위스 의사 조력 자살단체에 가입해 있으며 최소 한국인 10여 명이 의사 조력 자살을 선택했다. 약물 투입을 통한 안락사를 하려면 스위스까지 가야 한다. 스위스는 외국인에게도 안락사를 허용하고 있다. 물론 절차와 기준은 까다롭다. 항공료를 포함해 대략 1,500만 원이 든다니 가난한 사람들에게는 그마저 꿈같은 이야기이다. 생의 마지막 순간마저 경제적 차이로 인한 불공정이 벌어지고 있다. 왜 사랑하는 사람들이 임종을 지킬 수 없게 다른 나라에서 세상을 떠나야 하나. 간곡하게 부탁하고 싶다.

젊은 의사분들, 젊은 정치인들, 젊은 종교인들, 그대들도 얼마 안 가서 발톱을 제대로 깎지 못하는 노인이 될 것이다. 우리 노인들의 아픔을 이해하시고 편안하게 마지막 파티하듯 생을 마칠 수 있도록 도와주기를 간곡하게 바랄 뿐이다.

　스스로 의사결정을 할 수 있는 말기 환자가 의학적으로 해결되지 않는 극심한 고통이 지속할 경우 자발적이고 합리적이며 진정성 있는 조력 존엄사에 대한 자기 결정권을 존중해 줘야 한다. 이는 종교, 정치, 양심의 자유를 허용하는 자유민주주의 국가인 대한민국에서 삶의 가치와 존엄함을 가진 국민의 마지막 권리로서의 선택을 존중해야 하기 때문이다.

　의학의 발달로 수명이 늘어나는 건 사실이고 앞으로도 그럴 가능성이 크다. 그럴수록 인구는 줄어들기는커녕 계속 늘어만 갈 것이다. 택시를 타도 정원이 있고 버스를 타도 정원이 있다. 여객선의 정원은 매우 중요하다. 정원을 초과했을 때는 반드시 사고가 생긴다. 침몰한다. 그런데 지구에는 정원이 없다. 인간들이 너무나도 많다. 지구도 무거우면 언젠가는 침몰할 것이다. 궤도 이탈이다. 지구를 살리기 위해서라도 안락사 제도는 반드시 필요하다. 지구를 살려야 나라를 살릴 수 있다. 병들고 힘없는 노인들을 상업적으로 이용하지 마라. 노인들의 마지막 존엄을 지킬 수 있는 길은 안락사일 뿐이다. 대한민국 안락사 1호이기를 소망해 본다.

안락사 허용으로 노인의 마지막 존엄을
지키게 해 달라.

나를 안락사하라

초판 1쇄 2024년 12월 13일

지은이 고영래
발행인 김재홍
마케팅 이연실
디자인 박효은 김혜린

발행처 도서출판지식공감
브랜드 비움과채움
등록번호 제2019-000164호
주소 서울특별시 영등포구 경인로82길 3-4 센터플러스 1117호(문래동1가)
전화 02-3141-2700
팩스 02-322-3089
홈페이지 www.bookdaum.com
이메일 jisikwon@naver.com

가격 10,000원
ISBN 979-11-5622-906-3 03330

비움과채움은 도서출판지식공감의 임프린트 출판입니다.